Car Racing
Log Book

Car Racing Addicts

Copyright 2020
All Rights reserved. No part of this book may be
reproduced or used in any way or form or by any
means whether electronic or mechanical, this
means that you cannot record or photocopy any
material ideas or tips that are provided in this book

This log book belongs to

Name _____
Address _____
_____
_____

Home No: _____
Mobile No: _____
Emergency contact No: _____
Next of kin _____

Blood group _____
Medical conditions _____
_____
_____
_____
_____
_____
_____
_____

RACE MEETING

_____

Date: _____   Circuit: _____   Class: _____

Organising club: Championship/series:

_____   _____

Qualifying

Conditions: _____   Tyres used: _____

Tyre pressures: Front: _____   Rear: _____

Car set up notes: _____

_____

_____

Length of qualifying: _____   Laps completed: _____

Fastest time: _____   On lap: _____   Position on grid: _____

Notes on qualifying

Race 1

Conditions: _____   Tyres used: _____

Tyre pressure: Front: _____ Rear: _____ Length of race: _____

Car set up notes: _____

_____

_____

Overall Position: _____ Fastest lap: _____ On lap: _____ Position in class: _____

Notes:

Race 2

Conditions: _____   Tyres used: _____

Tyre pressure: Front: _____ Rear: _____ Length of race: _____

Car set up notes: _____

_____

_____

Overall Position: _____ Fastest lap: _____ On lap: _____ Position in class: _____

Notes:

RACE MEETING

_____

Date: _____   Circuit: _____   Class: _____

Organising club: Championship/series:

_____   _____

Qualifying

Conditions: _____   Tyres used: _____

Tyre pressures: Front: _____   Rear: _____

Car set up notes: _____

_____

_____

Length of qualifying: _____   Laps completed: _____

Fastest time: _____   On lap: _____   Position on grid: _____

Notes on qualifying

Race 1

Conditions: _____   Tyres used: _____

Tyre pressure: Front: _____ Rear: _____ Length of race: _____

Car set up notes: _____

_____

_____

Overall Position: _____ Fastest lap: _____ On lap: _____ Position in class: _____

Notes:

Race 2

Conditions: _____   Tyres used: _____

Tyre pressure: Front: _____ Rear: _____ Length of race: _____

Car set up notes: _____

_____

_____

Overall Position: _____ Fastest lap: _____ On lap: _____ Position in class: _____

Notes:

RACE MEETING

_____

Date: _____ Circuit: _____ Class: _____

Organising club: Championship/series:

_____   _____

Qualifying

Conditions: _____   Tyres used: _____

Tyre pressures: Front: _____   Rear: _____

Car set up notes: _____

_____

_____

Length of qualifying: _____   Laps completed: _____

Fastest time: _____   On lap: _____   Position on grid: _____

Notes on qualifying

Race 1

Conditions: _____ Tyres used: _____

Tyre pressure: Front: _____ Rear: _____ Length of race: _____

Car set up notes: _____

_____

_____

Overall Position: _____ Fastest lap: _____ On lap: _____ Position in class: _____

Notes:

Race 2

Conditions: _____ Tyres used: _____

Tyre pressure: Front: _____ Rear: _____ Length of race: _____

Car set up notes: _____

_____

_____

Overall Position: _____ Fastest lap: _____ On lap: _____ Position in class: _____

Notes:

RACE MEETING

_____

Date: _____   Circuit: _____   Class: _____

Organising club: _____   Championship/series: _____

Qualifying

Conditions: _____   Tyres used: _____

Tyre pressures: Front: _____   Rear: _____

Car set up notes: _____
_____
_____

Length of qualifying: _____   Laps completed: _____

Fastest time: _____   On lap: _____   Position on grid: _____

Notes on qualifying

Race 1

Conditions: _____   Tyres used: _____

Tyre pressure: Front: _____ Rear: _____ Length of race: _____

Car set up notes: _____

_____

_____

Overall Position: _____ Fastest lap: _____ On lap: _____ Position in class: _____

Notes:

Race 2

Conditions: _____   Tyres used: _____

Tyre pressure: Front: _____ Rear: _____ Length of race: _____

Car set up notes: _____

_____

_____

Overall Position: _____ Fastest lap: _____ On lap: _____ Position in class: _____

Notes:

RACE MEETING

_____

Date: _____ Circuit: _____ Class: _____

Organising club: Championship/series:

_____   _____

Qualifying

Conditions: _____   Tyres used: _____

Tyre pressures: Front: _____   Rear: _____

Car set up notes: _____

_____

_____

Length of qualifying: _____   Laps completed: _____

Fastest time: _____   On lap: _____   Position on grid: _____

Notes on qualifying

Race 1

Conditions: _____ Tyres used: _____

Tyre pressure: Front: _____ Rear: _____ Length of race: _____

Car set up notes: _____

_____

_____

Overall Position: _____ Fastest lap: _____ On lap: _____ Position in class: _____

Notes:

Race 2

Conditions: _____ Tyres used: _____

Tyre pressure: Front: _____ Rear: _____ Length of race: _____

Car set up notes: _____

_____

_____

Overall Position: _____ Fastest lap: _____ On lap: _____ Position in class: _____

Notes:

RACE MEETING

_____

Date: _____ Circuit: _____ Class: _____

Organising club: Championship/series:

_____   _____

Qualifying

Conditions: _____   Tyres used: _____

Tyre pressures: Front: _____   Rear: _____

Car set up notes: _____

_____

_____

Length of qualifying: _____   Laps completed: _____

Fastest time: _____   On lap: _____   Position on grid: _____

Notes on qualifying

Race 1

Conditions: _____ Tyres used: _____

Tyre pressure: Front: _____ Rear: _____ Length of race: _____

Car set up notes: _____

_____

_____

Overall Position: _____ Fastest lap: _____ On lap: _____ Position in class: _____

Notes:

Race 2

Conditions: _____ Tyres used: _____

Tyre pressure: Front: _____ Rear: _____ Length of race: _____

Car set up notes: _____

_____

_____

Overall Position: _____ Fastest lap: _____ On lap: _____ Position in class: _____

Notes:

RACE MEETING

_____

Date: _____ Circuit: _____ Class: _____

Organising club: _____ Championship/series: _____

Qualifying

Conditions: _____ Tyres used: _____

Tyre pressures: Front: _____ Rear: _____

Car set up notes: _____
_____
_____

Length of qualifying: _____ Laps completed: _____

Fastest time: _____ On lap: _____ Position on grid: _____

Notes on qualifying

Race 1

Conditions: _____   Tyres used: _____

Tyre pressure: Front: _____ Rear: _____ Length of race: _____

Car set up notes: _____

_____

_____

Overall Position: _____ Fastest lap: _____ On lap: _____ Position in class: _____

Notes:

Race 2

Conditions: _____   Tyres used: _____

Tyre pressure: Front: _____ Rear: _____ Length of race: _____

Car set up notes: _____

_____

_____

Overall Position: _____ Fastest lap: _____ On lap: _____ Position in class: _____

Notes:

RACE MEETING

_____

Date: _____ Circuit: _____ Class: _____

Organising club: Championship/series:

_____ _____

Qualifying

Conditions: _____ Tyres used: _____

Tyre pressures: Front: _____ Rear: _____

Car set up notes: _____

_____

_____

Length of qualifying: _____ Laps completed: _____

Fastest time: _____ On lap: _____ Position on grid: _____

Notes on qualifying

Race 1

Conditions: _____   Tyres used: _____

Tyre pressure: Front: _____ Rear: _____ Length of race: _____

Car set up notes: _____

_____

_____

Overall Position: _____ Fastest lap: _____ On lap: _____ Position in class: _____

Notes:

Race 2

Conditions: _____   Tyres used: _____

Tyre pressure: Front: _____ Rear: _____ Length of race: _____

Car set up notes: _____

_____

_____

Overall Position: _____ Fastest lap: _____ On lap: _____ Position in class: _____

Notes:

RACE MEETING

_____

Date: _____   Circuit: _____   Class: _____

Organising club: Championship/series:

_____   _____

Qualifying

Conditions: _____   Tyres used: _____

Tyre pressures: Front: _____   Rear: _____

Car set up notes: _____

_____

_____

Length of qualifying: _____   Laps completed: _____

Fastest time: _____   On lap: _____   Position on grid: _____

Notes on qualifying

Race 1

Conditions: _____ Tyres used: _____

Tyre pressure: Front: _____ Rear: _____ Length of race: _____

Car set up notes: _____

_____

_____

Overall Position: _____ Fastest lap: _____ On lap: _____ Position in class: _____

Notes:

Race 2

Conditions: _____ Tyres used: _____

Tyre pressure: Front: _____ Rear: _____ Length of race: _____

Car set up notes: _____

_____

_____

Overall Position: _____ Fastest lap: _____ On lap: _____ Position in class: _____

Notes:

RACE MEETING

_____

Date: _____   Circuit: _____   Class: _____

Organising club: Championship/series:

_____   _____

Qualifying

Conditions: _____   Tyres used: _____

Tyre pressures: Front: _____   Rear: _____

Car set up notes: _____

_____

_____

Length of qualifying: _____   Laps completed: _____

Fastest time: _____   On lap: _____   Position on grid: _____

Notes on qualifying

Race 1

Conditions: _____ Tyres used: _____

Tyre pressure: Front: _____ Rear: _____ Length of race: _____

Car set up notes: _____

_____

_____

Overall Position: _____ Fastest lap: _____ On lap: _____ Position in class: _____

Notes:

Race 2

Conditions: _____ Tyres used: _____

Tyre pressure: Front: _____ Rear: _____ Length of race: _____

Car set up notes: _____

_____

_____

Overall Position: _____ Fastest lap: _____ On lap: _____ Position in class: _____

Notes:

RACE MEETING

_____

Date: _____   Circuit: _____   Class: _____

Organising club: Championship/series:

_____   _____

Qualifying

Conditions: _____   Tyres used: _____

Tyre pressures: Front: _____   Rear: _____

Car set up notes: _____
_____
_____

Length of qualifying: _____   Laps completed: _____

Fastest time: _____   On lap: _____   Position on grid: _____

Notes on qualifying

Race 1

Conditions: _____   Tyres used: _____

Tyre pressure: Front: _____ Rear: _____ Length of race: _____

Car set up notes: _____

_____

_____

Overall Position: _____ Fastest lap: _____ On lap: _____ Position in class: _____

Notes:

Race 2

Conditions: _____   Tyres used: _____

Tyre pressure: Front: _____ Rear: _____ Length of race: _____

Car set up notes: _____

_____

_____

Overall Position: _____ Fastest lap: _____ On lap: _____ Position in class: _____

Notes:

RACE MEETING

_____

Date: _____   Circuit: _____   Class: _____

Organising club: Championship/series:

_____   _____

Qualifying

Conditions: _____   Tyres used: _____

Tyre pressures: Front: _____   Rear: _____

Car set up notes: _____

_____

_____

Length of qualifying: _____   Laps completed: _____

Fastest time: _____   On lap: _____   Position on grid: _____

Notes on qualifying

Race 1

Conditions: _____   Tyres used: _____

Tyre pressure: Front: _____ Rear: _____ Length of race: _____

Car set up notes: _____

_____

_____

Overall Position: _____ Fastest lap: _____ On lap: _____ Position in class: _____

Notes:

Race 2

Conditions: _____   Tyres used: _____

Tyre pressure: Front: _____ Rear: _____ Length of race: _____

Car set up notes: _____

_____

_____

Overall Position: _____ Fastest lap: _____ On lap: _____ Position in class: _____

Notes:

RACE MEETING

_____

Date: _____   Circuit: _____   Class: _____

Organising club: _____   Championship/series: _____

Qualifying

Conditions: _____   Tyres used: _____

Tyre pressures: Front: _____   Rear: _____

Car set up notes: _____

_____

_____

Length of qualifying: _____   Laps completed: _____

Fastest time: _____   On lap: _____   Position on grid: _____

Notes on qualifying

Race 1

Conditions: _____   Tyres used: _____

Tyre pressure: Front: _____ Rear: _____ Length of race: _____

Car set up notes: _____

_____

_____

Overall Position: _____ Fastest lap: _____ On lap: _____ Position in class: _____

Notes:

Race 2

Conditions: _____   Tyres used: _____

Tyre pressure: Front: _____ Rear: _____ Length of race: _____

Car set up notes: _____

_____

_____

Overall Position: _____ Fastest lap: _____ On lap: _____ Position in class: _____

Notes:

RACE MEETING

_____

Date: _____ Circuit: _____ Class: _____

Organising club: Championship/series:

_____   _____

Qualifying

Conditions: _____ Tyres used: _____

Tyre pressures: Front: _____ Rear: _____

Car set up notes: _____

_____

_____

Length of qualifying: _____ Laps completed: _____

Fastest time: _____ On lap: _____ Position on grid: _____

Notes on qualifying

Race 1

Conditions: _____ Tyres used: _____

Tyre pressure: Front: _____ Rear: _____ Length of race: _____

Car set up notes: _____

_____

_____

Overall Position: _____ Fastest lap: _____ On lap: _____ Position in class: _____

Notes:

Race 2

Conditions: _____ Tyres used: _____

Tyre pressure: Front: _____ Rear: _____ Length of race: _____

Car set up notes: _____

_____

_____

Overall Position: _____ Fastest lap: _____ On lap: _____ Position in class: _____

Notes:

RACE MEETING

_____

Date: _____ Circuit: _____ Class: _____

Organising club: Championship/series:

_____   _____

Qualifying

Conditions: _____   Tyres used: _____

Tyre pressures: Front: _____   Rear: _____

Car set up notes: _____

_____

_____

Length of qualifying: _____   Laps completed: _____

Fastest time: _____ On lap: _____ Position on grid: _____

Notes on qualifying

Race 1

Conditions: _____ Tyres used: _____

Tyre pressure: Front: _____ Rear: _____ Length of race: _____

Car set up notes: _____

_____

_____

Overall Position: _____ Fastest lap: _____ On lap: _____ Position in class: _____

Notes:

Race 2

Conditions: _____ Tyres used: _____

Tyre pressure: Front: _____ Rear: _____ Length of race: _____

Car set up notes: _____

_____

_____

Overall Position: _____ Fastest lap: _____ On lap: _____ Position in class: _____

Notes:

RACE MEETING

_____

Date: _____ Circuit: _____ Class: _____

Organising club: Championship/series:

_____   _____

Qualifying

Conditions: _____ Tyres used: _____

Tyre pressures: Front: _____ Rear: _____

Car set up notes: _____

_____

_____

Length of qualifying: _____ Laps completed: _____

Fastest time: _____ On lap: _____ Position on grid: _____

Notes on qualifying

Race 1

Conditions: _____   Tyres used: _____

Tyre pressure: Front: _____ Rear: _____ Length of race: _____

Car set up notes: _____

_____

_____

Overall Position: _____ Fastest lap: _____ On lap: _____ Position in class: _____

Notes:

Race 2

Conditions: _____   Tyres used: _____

Tyre pressure: Front: _____ Rear: _____ Length of race: _____

Car set up notes: _____

_____

_____

Overall Position: _____ Fastest lap: _____ On lap: _____ Position in class: _____

Notes:

RACE MEETING

_____

Date: _____ Circuit: _____ Class: _____

Organising club: Championship/series:

_____   _____

Qualifying

Conditions: _____   Tyres used: _____

Tyre pressures: Front: _____   Rear: _____

Car set up notes: _____

_____

_____

Length of qualifying: _____   Laps completed: _____

Fastest time: _____   On lap: _____   Position on grid: _____

Notes on qualifying

Race 1

Conditions: _____   Tyres used: _____

Tyre pressure: Front: _____ Rear: _____ Length of race: _____

Car set up notes: _____

_____

_____

Overall Position: _____ Fastest lap: _____ On lap: _____ Position in class: _____

Notes:

Race 2

Conditions: _____   Tyres used: _____

Tyre pressure: Front: _____ Rear: _____ Length of race: _____

Car set up notes: _____

_____

_____

Overall Position: _____ Fastest lap: _____ On lap: _____ Position in class: _____

Notes:

RACE MEETING

_____

Date: _____ Circuit: _____ Class: _____

Organising club: Championship/series:

_____   _____

Qualifying

Conditions: _____   Tyres used: _____

Tyre pressures: Front: _____   Rear: _____

Car set up notes: _____

_____

_____

Length of qualifying: _____   Laps completed: _____

Fastest time: _____   On lap: _____   Position on grid: _____

Notes on qualifying

Race 1

Conditions: _____   Tyres used: _____

Tyre pressure: Front: _____ Rear: _____ Length of race: _____

Car set up notes: _____

_____

_____

Overall Position: _____ Fastest lap: _____ On lap: _____ Position in class: _____

Notes:

Race 2

Conditions: _____   Tyres used: _____

Tyre pressure: Front: _____ Rear: _____ Length of race: _____

Car set up notes: _____

_____

_____

Overall Position: _____ Fastest lap: _____ On lap: _____ Position in class: _____

Notes:

RACE MEETING

_____

Date: _____ Circuit: _____ Class: _____

Organising club: _____ Championship/series: _____

Qualifying

Conditions: _____ Tyres used: _____

Tyre pressures: Front: _____ Rear: _____

Car set up notes: _____
_____
_____

Length of qualifying: _____ Laps completed: _____

Fastest time: _____ On lap: _____ Position on grid: _____

Notes on qualifying

Race 1

Conditions: _____   Tyres used: _____

Tyre pressure: Front: _____ Rear: _____ Length of race: _____

Car set up notes: _____

_____

_____

Overall Position: _____ Fastest lap: _____ On lap: _____ Position in class: _____

Notes:

Race 2

Conditions: _____   Tyres used: _____

Tyre pressure: Front: _____ Rear: _____ Length of race: _____

Car set up notes: _____

_____

_____

Overall Position: _____ Fastest lap: _____ On lap: _____ Position in class: _____

Notes:

RACE MEETING

_____

Date: _____ Circuit: _____ Class: _____

Organising club: _____ Championship/series: _____

Qualifying

Conditions: _____ Tyres used: _____

Tyre pressures: Front: _____ Rear: _____

Car set up notes: _____
_____
_____

Length of qualifying: _____ Laps completed: _____

Fastest time: _____ On lap: _____ Position on grid: _____

Notes on qualifying

Race 1

Conditions: _____   Tyres used: _____

Tyre pressure: Front: _____ Rear: _____ Length of race: _____

Car set up notes: _____

_____

_____

Overall Position: _____ Fastest lap: _____ On lap: _____ Position in class: _____

Notes:

Race 2

Conditions: _____   Tyres used: _____

Tyre pressure: Front: _____ Rear: _____ Length of race: _____

Car set up notes: _____

_____

_____

Overall Position: _____ Fastest lap: _____ On lap: _____ Position in class: _____

Notes:

RACE MEETING

_____

Date: _____   Circuit: _____   Class: _____

Organising club: _____   Championship/series: _____

Qualifying

Conditions: _____   Tyres used: _____

Tyre pressures: Front: _____   Rear: _____

Car set up notes: _____
_____
_____

Length of qualifying: _____   Laps completed: _____

Fastest time: _____   On lap: _____   Position on grid: _____

Notes on qualifying

Race 1

Conditions: _____   Tyres used: _____

Tyre pressure: Front: _____ Rear: _____ Length of race: _____

Car set up notes: _____

_____

_____

Overall Position: _____ Fastest lap: _____ On lap: _____ Position in class: _____

Notes:

Race 2

Conditions: _____   Tyres used: _____

Tyre pressure: Front: _____ Rear: _____ Length of race: _____

Car set up notes: _____

_____

_____

Overall Position: _____ Fastest lap: _____ On lap: _____ Position in class: _____

Notes:

RACE MEETING

_____

Date: _____ Circuit: _____ Class: _____

Organising club:
_____ Championship/series:
_____

Qualifying

Conditions: _____ Tyres used: _____

Tyre pressures: Front: _____ Rear: _____

Car set up notes: _____
_____
_____

Length of qualifying: _____ Laps completed: _____

Fastest time: _____ On lap: _____ Position on grid: _____

Notes on qualifying

Race 1

Conditions: _____   Tyres used: _____

Tyre pressure: Front: _____ Rear: _____ Length of race: _____

Car set up notes: _____

_____

_____

Overall Position: _____ Fastest lap: _____ On lap: _____ Position in class: _____

Notes:

Race 2

Conditions: _____   Tyres used: _____

Tyre pressure: Front: _____ Rear: _____ Length of race: _____

Car set up notes: _____

_____

_____

Overall Position: _____ Fastest lap: _____ On lap: _____ Position in class: _____

Notes:

RACE MEETING

_____

Date: _____ Circuit: _____ Class: _____

Organising club: _____ Championship/series: _____

Qualifying

Conditions: _____ Tyres used: _____

Tyre pressures: Front: _____ Rear: _____

Car set up notes: _____
_____
_____

Length of qualifying: _____ Laps completed: _____

Fastest time: _____ On lap: _____ Position on grid: _____

Notes on qualifying

Race 1

Conditions: _____   Tyres used: _____

Tyre pressure: Front: _____ Rear: _____ Length of race: _____

Car set up notes: _____

_____

_____

Overall Position: _____ Fastest lap: _____ On lap: _____ Position in class: _____

Notes:

Race 2

Conditions: _____   Tyres used: _____

Tyre pressure: Front: _____ Rear: _____ Length of race: _____

Car set up notes: _____

_____

_____

Overall Position: _____ Fastest lap: _____ On lap: _____ Position in class: _____

Notes:

RACE MEETING

_____

Date: _____ *Circuit:* _____ *Class:* _____

Organising club: *Championship/series:*

_____   _____

Qualifying

Conditions: _____ *Tyres used:* _____

Tyre pressures: Front: _____ *Rear:* _____

Car set up notes: _____

_____

_____

Length of qualifying: _____ *Laps completed:* _____

Fastest time: _____ *On lap:* _____ *Position on grid:* _____

Notes on qualifying

Race 1

Conditions: _____   Tyres used: _____

Tyre pressure: Front: _____ Rear: _____ Length of race: _____

Car set up notes: _____

_____

_____

Overall Position: _____ Fastest lap: _____ On lap: _____ Position in class: _____

Notes:

Race 2

Conditions: _____   Tyres used: _____

Tyre pressure: Front: _____ Rear: _____ Length of race: _____

Car set up notes: _____

_____

_____

Overall Position: _____ Fastest lap: _____ On lap: _____ Position in class: _____

Notes:

RACE MEETING

_____

Date: _____ Circuit: _____ Class: _____

Organising club: Championship/series:

_____   _____

Qualifying

Conditions: _____   Tyres used: _____

Tyre pressures: Front: _____   Rear: _____

Car set up notes: _____

_____

_____

Length of qualifying: _____   Laps completed: _____

Fastest time: _____ On lap: _____ Position on grid: _____

Notes on qualifying

Race 1

Conditions: _____   Tyres used: _____

Tyre pressure: Front: _____ Rear: _____ Length of race: _____

Car set up notes: _____

_____

_____

Overall Position: _____ Fastest lap: _____ On lap: _____ Position in class: _____

Notes:

Race 2

Conditions: _____   Tyres used: _____

Tyre pressure: Front: _____ Rear: _____ Length of race: _____

Car set up notes: _____

_____

_____

Overall Position: _____ Fastest lap: _____ On lap: _____ Position in class: _____

Notes:

RACE MEETING

_____

Date: _____   Circuit: _____   Class: _____

Organising club: Championship/series:

_____   _____

Qualifying

Conditions: _____   Tyres used: _____

Tyre pressures: Front: _____   Rear: _____

Car set up notes: _____

_____

_____

Length of qualifying: _____   Laps completed: _____

Fastest time: _____   On lap: _____   Position on grid: _____

Notes on qualifying

Race 1

Conditions: _____   Tyres used: _____

Tyre pressure: Front: _____ Rear: _____ Length of race: _____

Car set up notes: _____

_____

_____

Overall Position: _____ Fastest lap: _____ On lap: _____ Position in class: _____

Notes:

Race 2

Conditions: _____   Tyres used: _____

Tyre pressure: Front: _____ Rear: _____ Length of race: _____

Car set up notes: _____

_____

_____

Overall Position: _____ Fastest lap: _____ On lap: _____ Position in class: _____

Notes:

RACE MEETING

_____

Date: _____ Circuit: _____ Class: _____

Organising club: _____ Championship/series: _____

Qualifying

Conditions: _____ Tyres used: _____

Tyre pressures: Front: _____ Rear: _____

Car set up notes: _____
_____
_____

Length of qualifying: _____ Laps completed: _____

Fastest time: _____ On lap: _____ Position on grid: _____

Notes on qualifying

Race 1

Conditions: _____   Tyres used: _____

Tyre pressure: Front: _____ Rear: _____ Length of race: _____

Car set up notes: _____

_____

_____

Overall Position: _____ Fastest lap: _____ On lap: _____ Position in class: _____

Notes:

Race 2

Conditions: _____   Tyres used: _____

Tyre pressure: Front: _____ Rear: _____ Length of race: _____

Car set up notes: _____

_____

_____

Overall Position: _____ Fastest lap: _____ On lap: _____ Position in class: _____

Notes:

RACE MEETING

_____

Date: _____ Circuit: _____ Class: _____

Organising club: Championship/series:

_____   _____

Qualifying

Conditions: _____ Tyres used: _____

Tyre pressures: Front: _____ Rear: _____

Car set up notes: _____

_____

_____

Length of qualifying: _____ Laps completed: _____

Fastest time: _____ On lap: _____ Position on grid: _____

Notes on qualifying

Race 1

Conditions: _____ Tyres used: _____

Tyre pressure: Front: _____ Rear: _____ Length of race: _____

Car set up notes: _____

_____

_____

Overall Position: _____ Fastest lap: _____ On lap: _____ Position in class: _____

Notes:

Race 2

Conditions: _____ Tyres used: _____

Tyre pressure: Front: _____ Rear: _____ Length of race: _____

Car set up notes: _____

_____

_____

Overall Position: _____ Fastest lap: _____ On lap: _____ Position in class: _____

Notes:

RACE MEETING

_____

Date: _____ Circuit: _____ Class: _____

Organising club: Championship/series:

_____   _____

Qualifying

Conditions: _____   Tyres used: _____

Tyre pressures: Front: _____   Rear: _____

Car set up notes: _____

_____

_____

Length of qualifying: _____   Laps completed: _____

Fastest time: _____ On lap: _____ Position on grid: _____

Notes on qualifying

Race 1

Conditions: _____   Tyres used: _____

Tyre pressure: Front: _____ Rear: _____ Length of race: _____

Car set up notes: _____

_____

_____

Overall Position: _____ Fastest lap: _____ On lap: _____ Position in class: _____

Notes:

Race 2

Conditions: _____   Tyres used: _____

Tyre pressure: Front: _____ Rear: _____ Length of race: _____

Car set up notes: _____

_____

_____

Overall Position: _____ Fastest lap: _____ On lap: _____ Position in class: _____

Notes:

RACE MEETING

_____

Date: _____ Circuit: _____ Class: _____

Organising club: Championship/series:

_____ _____

Qualifying

Conditions: _____ Tyres used: _____

Tyre pressures: Front: _____ Rear: _____

Car set up notes: _____

_____

_____

Length of qualifying: _____ Laps completed: _____

Fastest time: _____ On lap: _____ Position on grid: _____

Notes on qualifying

Race 1

Conditions: _____   Tyres used: _____

Tyre pressure: Front: _____ Rear: _____ Length of race: _____

Car set up notes: _____

_____

_____

Overall Position: _____ Fastest lap: _____ On lap: _____ Position in class: _____

Notes:

Race 2

Conditions: _____   Tyres used: _____

Tyre pressure: Front: _____ Rear: _____ Length of race: _____

Car set up notes: _____

_____

_____

Overall Position: _____ Fastest lap: _____ On lap: _____ Position in class: _____

Notes:

RACE MEETING

_____

Date: _____ Circuit: _____ Class: _____

Organising club: Championship/series:

_____   _____

Qualifying

Conditions: _____   Tyres used: _____

Tyre pressures: Front: _____   Rear: _____

Car set up notes: _____

_____

_____

Length of qualifying: _____   Laps completed: _____

Fastest time: _____   On lap: _____   Position on grid: _____

Notes on qualifying

Race 1

Conditions: _____   Tyres used: _____

Tyre pressure: Front: _____ Rear: _____ Length of race: _____

Car set up notes: _____

_____

_____

Overall Position: _____ Fastest lap: _____ On lap: _____ Position in class: _____

Notes:

Race 2

Conditions: _____   Tyres used: _____

Tyre pressure: Front: _____ Rear: _____ Length of race: _____

Car set up notes: _____

_____

_____

Overall Position: _____ Fastest lap: _____ On lap: _____ Position in class: _____

Notes:

RACE MEETING

_____

Date: _____ Circuit: _____ Class: _____

Organising club: Championship/series:

_____   _____

Qualifying

Conditions: _____   Tyres used: _____

Tyre pressures: Front: _____   Rear: _____

Car set up notes: _____

_____

_____

Length of qualifying: _____   Laps completed: _____

Fastest time: _____   On lap: _____   Position on grid: _____

Notes on qualifying

Race 1

Conditions: _____   Tyres used: _____

Tyre pressure: Front: _____ Rear: _____ Length of race: _____

Car set up notes: _____

_____

_____

Overall Position: _____ Fastest lap: _____ On lap: _____ Position in class: _____

Notes:

Race 2

Conditions: _____   Tyres used: _____

Tyre pressure: Front: _____ Rear: _____ Length of race: _____

Car set up notes: _____

_____

_____

Overall Position: _____ Fastest lap: _____ On lap: _____ Position in class: _____

Notes:

RACE MEETING

_____

Date: _____ Circuit: _____ Class: _____

Organising club: Championship/series:

_____   _____

Qualifying

Conditions: _____   Tyres used: _____

Tyre pressures: Front: _____   Rear: _____

Car set up notes: _____
_____
_____

Length of qualifying: _____   Laps completed: _____

Fastest time: _____ On lap: _____ Position on grid: _____

Notes on qualifying

Race 1

Conditions: _____   Tyres used: _____

Tyre pressure: Front: _____ Rear: _____ Length of race: _____

Car set up notes: _____

_____

_____

Overall Position: _____ Fastest lap: _____ On lap: _____ Position in class: _____

Notes:

Race 2

Conditions: _____   Tyres used: _____

Tyre pressure: Front: _____ Rear: _____ Length of race: _____

Car set up notes: _____

_____

_____

Overall Position: _____ Fastest lap: _____ On lap: _____ Position in class: _____

Notes:

RACE MEETING

_____

Date: _____ Circuit: _____ Class: _____

Organising club: _____ Championship/series: _____

Qualifying

Conditions: _____ Tyres used: _____

Tyre pressures: Front: _____ Rear: _____

Car set up notes: _____
_____
_____

Length of qualifying: _____ Laps completed: _____

Fastest time: _____ On lap: _____ Position on grid: _____

Notes on qualifying

Race 1

Conditions: _____   Tyres used: _____

Tyre pressure: Front: _____ Rear: _____ Length of race: _____

Car set up notes: _____

_____

_____

Overall Position: _____ Fastest lap: _____ On lap: _____ Position in class: _____

Notes:

Race 2

Conditions: _____   Tyres used: _____

Tyre pressure: Front: _____ Rear: _____ Length of race: _____

Car set up notes: _____

_____

_____

Overall Position: _____ Fastest lap: _____ On lap: _____ Position in class: _____

Notes:

RACE MEETING

_____

Date: _____ Circuit: _____ Class: _____

Organising club: Championship/series:

_____   _____

Qualifying

Conditions: _____   Tyres used: _____

Tyre pressures: Front: _____   Rear: _____

Car set up notes: _____

_____

_____

Length of qualifying: _____   Laps completed: _____

Fastest time: _____   On lap: _____   Position on grid: _____

Notes on qualifying

Race 1

Conditions: _____   Tyres used: _____

Tyre pressure: Front: _____ Rear: _____ Length of race: _____

Car set up notes: _____

_____

_____

Overall Position: _____ Fastest lap: _____ On lap: _____ Position in class: _____

Notes:

Race 2

Conditions: _____   Tyres used: _____

Tyre pressure: Front: _____ Rear: _____ Length of race: _____

Car set up notes: _____

_____

_____

Overall Position: _____ Fastest lap: _____ On lap: _____ Position in class: _____

Notes:

RACE MEETING

_____

Date: _____ Circuit: _____ Class: _____

Organising club: Championship/series:

_____   _____

Qualifying

Conditions: _____   Tyres used: _____

Tyre pressures: Front: _____ Rear: _____

Car set up notes: _____

_____

_____

Length of qualifying: _____ Laps completed: _____

Fastest time: _____ On lap: _____ Position on grid: _____

Notes on qualifying

Race 1

Conditions: _____   Tyres used: _____

Tyre pressure: Front: _____ Rear: _____ Length of race: _____

Car set up notes: _____

_____

_____

Overall Position: _____ Fastest lap: _____ On lap: _____ Position in class: _____

Notes:

Race 2

Conditions: _____   Tyres used: _____

Tyre pressure: Front: _____ Rear: _____ Length of race: _____

Car set up notes: _____

_____

_____

Overall Position: _____ Fastest lap: _____ On lap: _____ Position in class: _____

Notes:

RACE MEETING

_____

Date: _____ Circuit: _____ Class: _____

Organising club: Championship/series:

_____ _____

Qualifying

Conditions: _____ Tyres used: _____

Tyre pressures: Front: _____ Rear: _____

Car set up notes: _____

_____

_____

Length of qualifying: _____ Laps completed: _____

Fastest time: _____ On lap: _____ Position on grid: _____

Notes on qualifying

Race 1

Conditions: _____ Tyres used: _____

Tyre pressure: Front: _____ Rear: _____ Length of race: _____

Car set up notes: _____

_____

_____

Overall Position: _____ Fastest lap: _____ On lap: _____ Position in class: _____

Notes:

Race 2

Conditions: _____ Tyres used: _____

Tyre pressure: Front: _____ Rear: _____ Length of race: _____

Car set up notes: _____

_____

_____

Overall Position: _____ Fastest lap: _____ On lap: _____ Position in class: _____

Notes:

RACE MEETING

_____

Date: _____ Circuit: _____ Class: _____

Organising club: Championship/series:

_____ _____

Qualifying

Conditions: _____ Tyres used: _____

Tyre pressures: Front: _____ Rear: _____

Car set up notes: _____

_____

_____

Length of qualifying: _____ Laps completed: _____

Fastest time: _____ On lap: _____ Position on grid: _____

Notes on qualifying

Race 1

Conditions: _____ Tyres used: _____

Tyre pressure: Front: _____ Rear: _____ Length of race: _____

Car set up notes: _____

_____

_____

Overall Position: _____ Fastest lap: _____ On lap: _____ Position in class: _____

Notes:

Race 2

Conditions: _____ Tyres used: _____

Tyre pressure: Front: _____ Rear: _____ Length of race: _____

Car set up notes: _____

_____

_____

Overall Position: _____ Fastest lap: _____ On lap: _____ Position in class: _____

Notes:

RACE MEETING

_____

Date: _____   Circuit: _____   Class: _____

Organising club: _____   Championship/series: _____

_____   _____

Qualifying

Conditions: _____   Tyres used: _____

Tyre pressures: Front: _____   Rear: _____

Car set up notes: _____
_____
_____

Length of qualifying: _____   Laps completed: _____

Fastest time: _____   On lap: _____   Position on grid: _____

Notes on qualifying

Race 1

Conditions: _____   Tyres used: _____

Tyre pressure: Front: _____ Rear: _____ Length of race: _____

Car set up notes: _____

_____

_____

Overall Position: _____ Fastest lap: _____ On lap: _____ Position in class: _____

Notes:

Race 2

Conditions: _____   Tyres used: _____

Tyre pressure: Front: _____ Rear: _____ Length of race: _____

Car set up notes: _____

_____

_____

Overall Position: _____ Fastest lap: _____ On lap: _____ Position in class: _____

Notes:

RACE MEETING

_____

Date: _____ Circuit: _____ Class: _____

Organising club: Championship/series:

_____   _____

Qualifying

Conditions: _____ Tyres used: _____

Tyre pressures: Front: _____ Rear: _____

Car set up notes: _____

_____

_____

Length of qualifying: _____ Laps completed: _____

Fastest time: _____ On lap: _____ Position on grid: _____

Notes on qualifying

Race 1

Conditions: _____   Tyres used: _____

Tyre pressure: Front: _____ Rear: _____ Length of race: _____

Car set up notes: _____

_____

_____

Overall Position: _____ Fastest lap: _____ On lap: _____ Position in class: _____

Notes:

Race 2

Conditions: _____   Tyres used: _____

Tyre pressure: Front: _____ Rear: _____ Length of race: _____

Car set up notes: _____

_____

_____

Overall Position: _____ Fastest lap: _____ On lap: _____ Position in class: _____

Notes:

RACE MEETING

_____

Date: _____ Circuit: _____ Class: _____

Organising club: Championship/series:

_____   _____

Qualifying

Conditions: _____   Tyres used: _____

Tyre pressures: Front: _____   Rear: _____

Car set up notes: _____

_____

_____

Length of qualifying: _____   Laps completed: _____

Fastest time: _____   On lap: _____   Position on grid: _____

Notes on qualifying

Race 1

Conditions: _____   Tyres used: _____

Tyre pressure: Front: _____ Rear: _____ Length of race: _____

Car set up notes: _____

_____

_____

Overall Position: _____ Fastest lap: _____ On lap: _____ Position in class: _____

Notes:

Race 2

Conditions: _____   Tyres used: _____

Tyre pressure: Front: _____ Rear: _____ Length of race: _____

Car set up notes: _____

_____

_____

Overall Position: _____ Fastest lap: _____ On lap: _____ Position in class: _____

Notes:

RACE MEETING

_____

Date: _____ Circuit: _____ Class: _____

Organising club: Championship/series:

_____   _____

Qualifying

Conditions: _____   Tyres used: _____

Tyre pressures: Front: _____   Rear: _____

Car set up notes: _____

_____

_____

Length of qualifying: _____   Laps completed: _____

Fastest time: _____   On lap: _____   Position on grid: _____

Notes on qualifying

Race 1

Conditions: _____   Tyres used: _____

Tyre pressure: Front: _____ Rear: _____ Length of race: _____

Car set up notes: _____

_____

_____

Overall Position: _____ Fastest lap: _____ On lap: _____ Position in class: _____

Notes:

Race 2

Conditions: _____   Tyres used: _____

Tyre pressure: Front: _____ Rear: _____ Length of race: _____

Car set up notes: _____

_____

_____

Overall Position: _____ Fastest lap: _____ On lap: _____ Position in class: _____

Notes:

RACE MEETING

_____

Date: _____ Circuit: _____ Class: _____

Organising club: Championship/series:

_____   _____

Qualifying

Conditions: _____   Tyres used: _____

Tyre pressures: Front: _____   Rear: _____

Car set up notes: _____
_____
_____

Length of qualifying: _____   Laps completed: _____

Fastest time: _____ On lap: _____ Position on grid: _____

Notes on qualifying

Race 1

Conditions: _____   Tyres used: _____

Tyre pressure: Front: _____ Rear: _____ Length of race: _____

Car set up notes: _____

_____

_____

Overall Position: _____ Fastest lap: _____ On lap: _____ Position in class: _____

Notes:

Race 2

Conditions: _____   Tyres used: _____

Tyre pressure: Front: _____ Rear: _____ Length of race: _____

Car set up notes: _____

_____

_____

Overall Position: _____ Fastest lap: _____ On lap: _____ Position in class: _____

Notes:

RACE MEETING

_____

Date: _____   Circuit: _____   Class: _____

Organising club: Championship/series:

_____   _____

Qualifying

Conditions: _____   Tyres used: _____

Tyre pressures: Front: _____   Rear: _____

Car set up notes: _____

_____

_____

Length of qualifying: _____   Laps completed: _____

Fastest time: _____   On lap: _____   Position on grid: _____

Notes on qualifying

Race 1

Conditions: _____   Tyres used: _____

Tyre pressure: Front: _____ Rear: _____ Length of race: _____

Car set up notes: _____

_____

_____

Overall Position: _____ Fastest lap: _____ On lap: _____ Position in class: _____

Notes:

Race 2

Conditions: _____   Tyres used: _____

Tyre pressure: Front: _____ Rear: _____ Length of race: _____

Car set up notes: _____

_____

_____

Overall Position: _____ Fastest lap: _____ On lap: _____ Position in class: _____

Notes:

RACE MEETING

_____

Date: _____ Circuit: _____ Class: _____

Organising club: Championship/series:

_____   _____

Qualifying

Conditions: _____   Tyres used: _____

Tyre pressures: Front: _____   Rear: _____

Car set up notes: _____

_____

_____

Length of qualifying: _____   Laps completed: _____

Fastest time: _____   On lap: _____   Position on grid: _____

Notes on qualifying

Race 1

Conditions: _____   Tyres used: _____

Tyre pressure: Front: _____ Rear: _____ Length of race: _____

Car set up notes: _____

_____

_____

Overall Position: _____ Fastest lap: _____ On lap: _____ Position in class: _____

Notes:

Race 2

Conditions: _____   Tyres used: _____

Tyre pressure: Front: _____ Rear: _____ Length of race: _____

Car set up notes: _____

_____

_____

Overall Position: _____ Fastest lap: _____ On lap: _____ Position in class: _____

Notes:

RACE MEETING

_____

Date: _____ Circuit: _____ Class: _____

Organising club: Championship/series:

_____ _____

Qualifying

Conditions: _____ Tyres used: _____

Tyre pressures: Front: _____ Rear: _____

Car set up notes: _____

_____

_____

Length of qualifying: _____ Laps completed: _____

Fastest time: _____ On lap: _____ Position on grid: _____

Notes on qualifying

Race 1

Conditions: _____   Tyres used: _____

Tyre pressure: Front: _____   Rear: _____   Length of race: _____

Car set up notes: _____

_____

_____

Overall Position: ____   Fastest lap: ____   On lap: ____   Position in class: ____

Notes:

Race 2

Conditions: _____   Tyres used: _____

Tyre pressure: Front: _____   Rear: _____   Length of race: _____

Car set up notes: _____

_____

_____

Overall Position: ____   Fastest lap: ____   On lap: ____   Position in class: ____

Notes:

RACE MEETING

_____

Date: _____ Circuit: _____ Class: _____

Organising club: Championship/series:

_____ _____

Qualifying

Conditions: _____ Tyres used: _____

Tyre pressures: Front: _____ Rear: _____

Car set up notes: _____

_____

_____

Length of qualifying: _____ Laps completed: _____

Fastest time: _____ On lap: _____ Position on grid: _____

Notes on qualifying

Race 1

Conditions: _____   Tyres used: _____

Tyre pressure: Front: _____ Rear: _____ Length of race: _____

Car set up notes: _____

_____

_____

Overall Position: _____ Fastest lap: _____ On lap: _____ Position in class: _____

Notes:

Race 2

Conditions: _____   Tyres used: _____

Tyre pressure: Front: _____ Rear: _____ Length of race: _____

Car set up notes: _____

_____

_____

Overall Position: _____ Fastest lap: _____ On lap: _____ Position in class: _____

Notes:

RACE MEETING

_____

Date: _____ *Circuit:* _____ *Class:* _____

Organising club: *Championship/series:*

_____ _____

Qualifying

Conditions: _____ *Tyres used:* _____

Tyre pressures: *Front:* _____ *Rear:* _____

Car set up notes: _____

_____

_____

Length of qualifying: _____ *Laps completed:* _____

Fastest time: _____ *On lap:* _____ *Position on grid:* _____

Notes on qualifying

Race 1

Conditions: _____   Tyres used: _____

Tyre pressure: Front: _____ Rear: _____ Length of race: _____

Car set up notes: _____

_____

_____

Overall Position: _____ Fastest lap: _____ On lap: _____ Position in class: _____

Notes:

Race 2

Conditions: _____   Tyres used: _____

Tyre pressure: Front: _____ Rear: _____ Length of race: _____

Car set up notes: _____

_____

_____

Overall Position: _____ Fastest lap: _____ On lap: _____ Position in class: _____

Notes:

www.ingramcontent.com/pod-product-compliance
Lightning Source LLC
Chambersburg PA
CBHW081353080526
44588CB00016B/2484